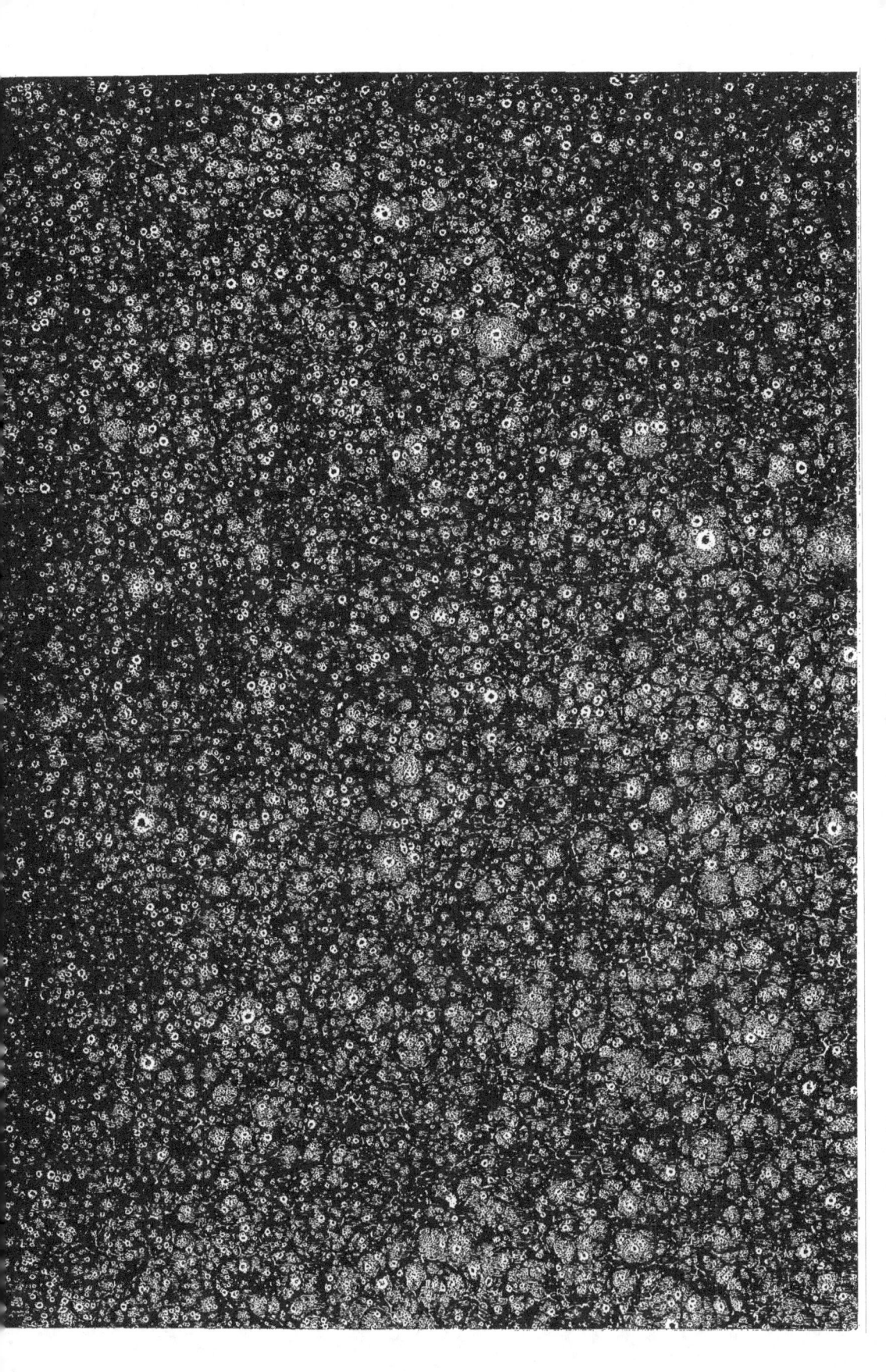

14780

GALERIE DE TABLEAUX

POUR LA JEUNESSE.

SCEAUX, IMPRIMERIE DE E. DÉPÉE

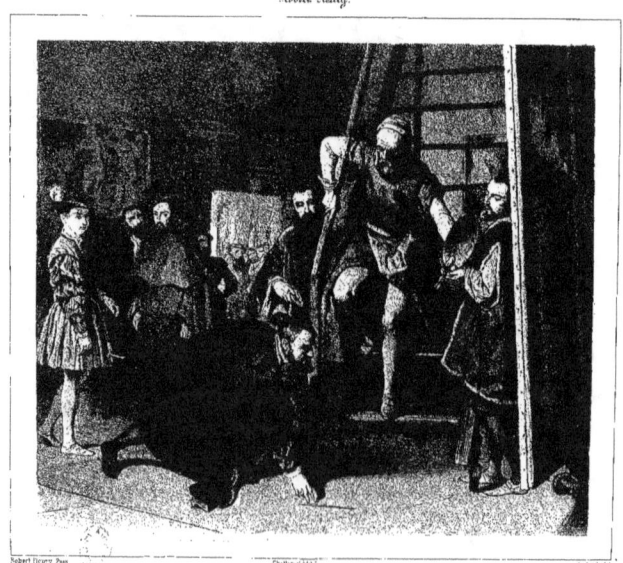

Charles-Quint ramassant le pinceau du Titien

GALERIE
DE TABLEAUX

POUR LA JEUNESSE,

PAR LES PRINCIPAUX ARTISTES FRANÇAIS.

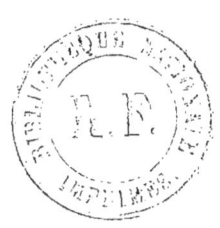

AVEC TEXTE.

PARIS,

CHALLAMEL, ÉDITEUR, | A. COURSIER, ÉDITEUR,
15, RUE DE LA HARPE. | 9, RUE HAUTEFEUILLE.

1848

Publication de la France littéraire.
Mlle Héloïse Colin.

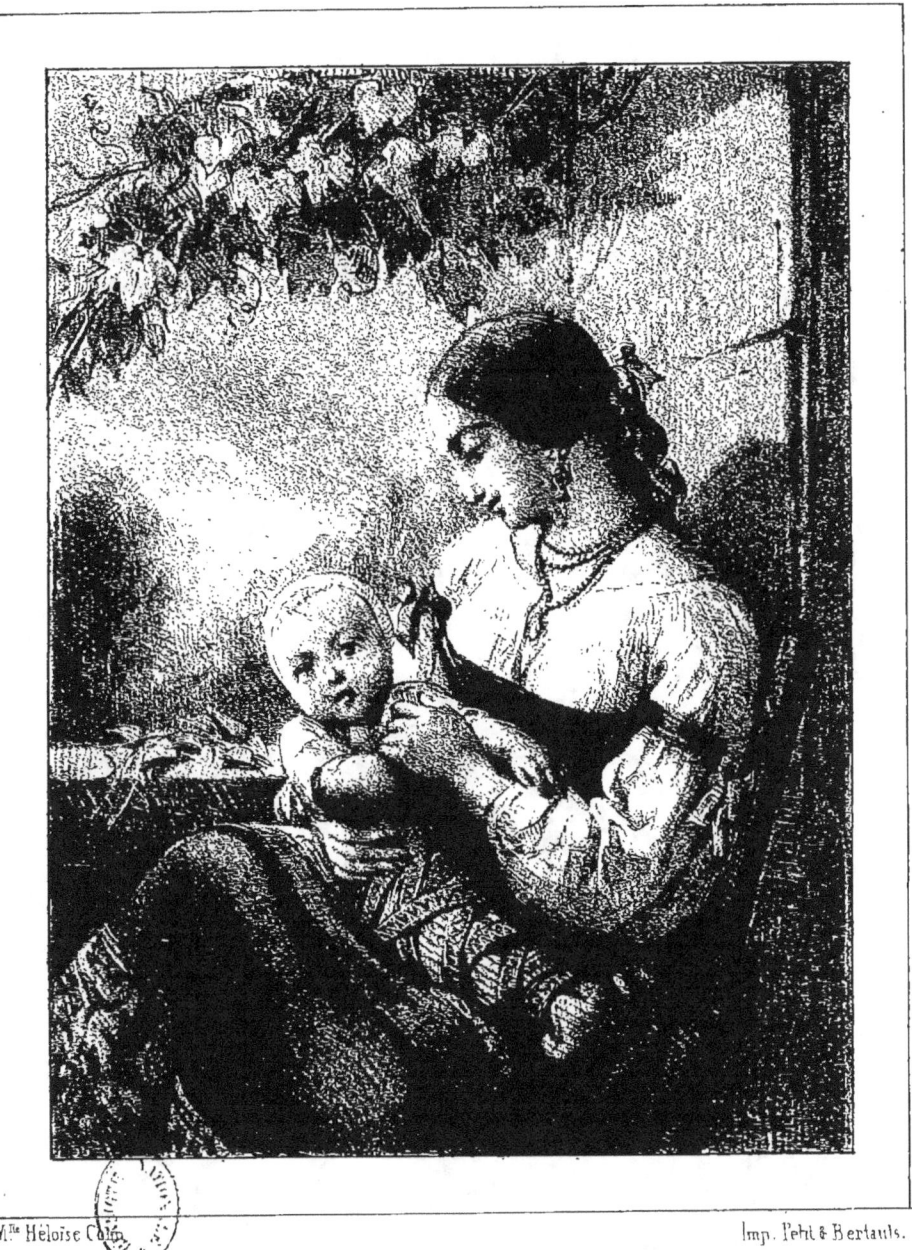

Jeune Femme allaitant son Enfant.
(Campagne de Rome)

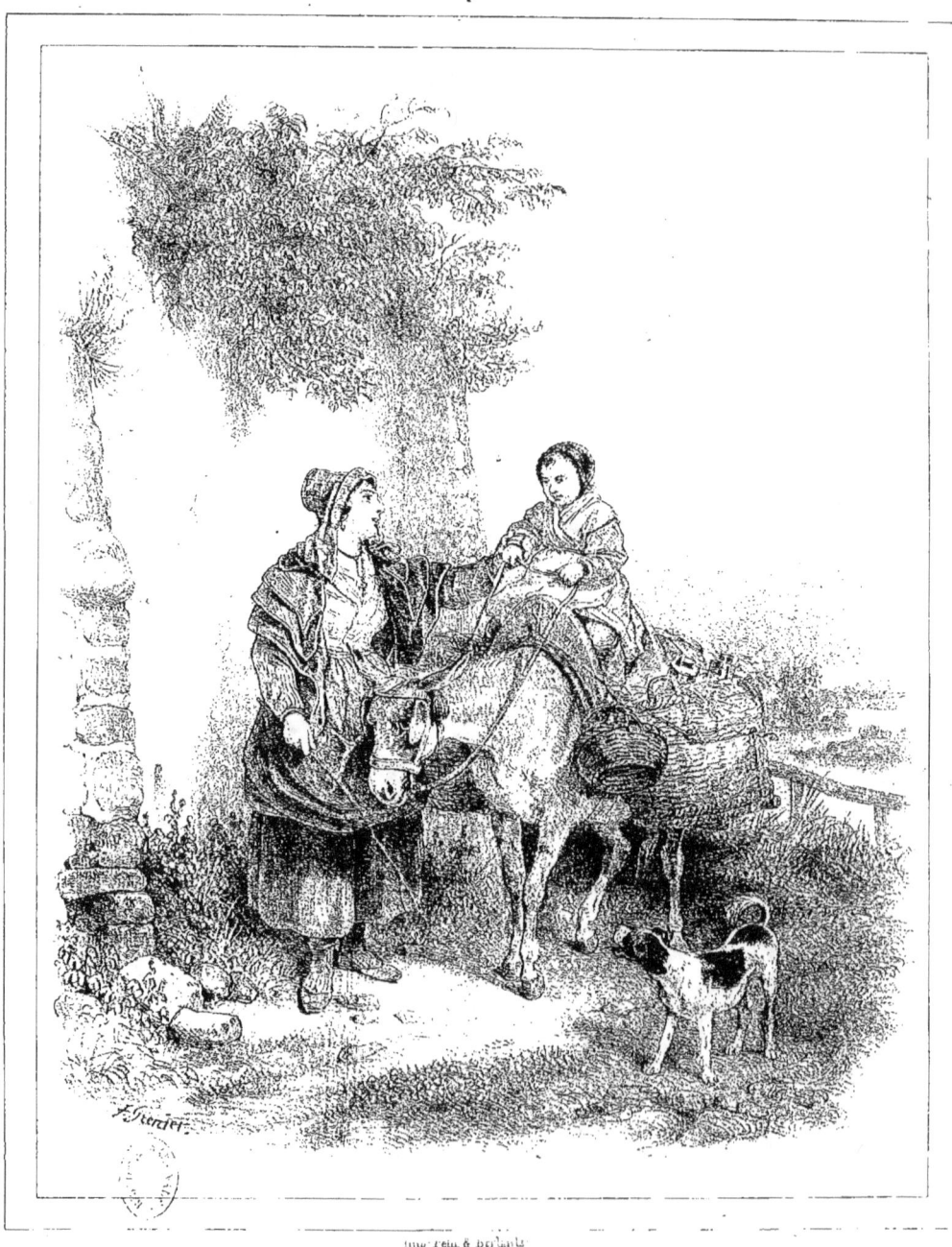

Le Retour de la Laitière.

Le retour de la Laitière

TABLEAU DE M. FRANCISQUE GRENIER,

Lithographié par lui-même.

Les tableaux de M. Grenier sont autant de petites *Nouvelles* gracieusement arrangées pour nous divulguer, par-ci par-là, quelque épisode d'intérieur villageois, pour nous décrire quelques coins de paysage, bien simples, bien isolés, bien vrais. Il n'aime pas à gravir les montagnes ; l'aspect d'un torrent lui fait peut-être peur ; et j'inclinerais à penser que l'immensité d'une mer sans rivages lui a rarement suggéré de fébriles inspirations. Il ne lui faut pas de ces fougueuses natures que Dieu crée d'un mot, et que l'homme peut à peine comprendre. Il n'ose point lutter contre les difficultés qu'éprouve le peintre obstiné à les reproduire. Il lui suffit d'une maisonnette au détour du chemin, du clocher qui domine le village, du petit bois battu par les chasseurs, des champs de blé où gazouille l'alouette, et de tous les paysans qui peuplent nos campagnes.

Là ne se borne pas le talent de M. Grenier. Il a peint plusieurs tableaux du genre historique, dont un, le premier qu'il ait exposé, et qui retraçait la mort d'Atala, lui valut une médaille. Nous connaissons de lui quelques tableaux de batailles parfaitement composés et habilement peints.

On doit le compter aussi parmi nos plus habiles lithographes. Il a fait paraître beaucoup de sujets et de recueils lithographiés. Nous citerons ses *Chasses*, qui obtinrent un grand succès. M. Grenier est un de ceux qui, dans ces derniers temps, ont le plus contribué à rendre populaire la lithographie, cet art qui sut faire bonne justice de ses détracteurs, et qui s'est tant perfectionné depuis quelques années.

Parmi les tableaux exposés au Salon de cette année par M. Grenier, on remarque des *Enfants jouant avec un Chien*, et le *Retour de la Laitière*; ce dernier tableau a été lithographié par M. Grenier lui-même, et prend place dans notre collection.

Le sujet est gracieux. Une jeune mère, qui vient de vendre du lait à la ville, a placé son petit enfant sur le cheval de ferme. Elle le soutient, car elle tremble pour lui. A quelle prévoyance ne conduit pas la sollicitude maternelle? La laitière est encore fraîche et jolie; on voit que cet enfant est chéri comme un premier fruit du ménage. Comme il s'amuse! comme il est heureux! c'est qu'il a grandi bien vite, par enchantement, et qu'il peut regarder sa mère du haut de sa taille. — A gauche, une muraille qui borde le chemin. Au fond, un paysage, une rivière qui se perd à l'horizon. Tout cela est frais et coloré, et d'un laisser-aller tout charmant. Nous pourrions reprocher seulement à M. Grenier un peu de mollesse dans l'exécution; M. Grenier est un des peintres de genre qui a le plus de succès; et il le mérite.

M. Francisque Grenier Saint-Martin est élève de David. Il a exposé pour la première fois en 1810, et a obtenu une médaille d'or de première classe en 1834. M. Jeannin édite avec beaucoup de succès, depuis longtemps, ses différents ouvrages.

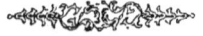

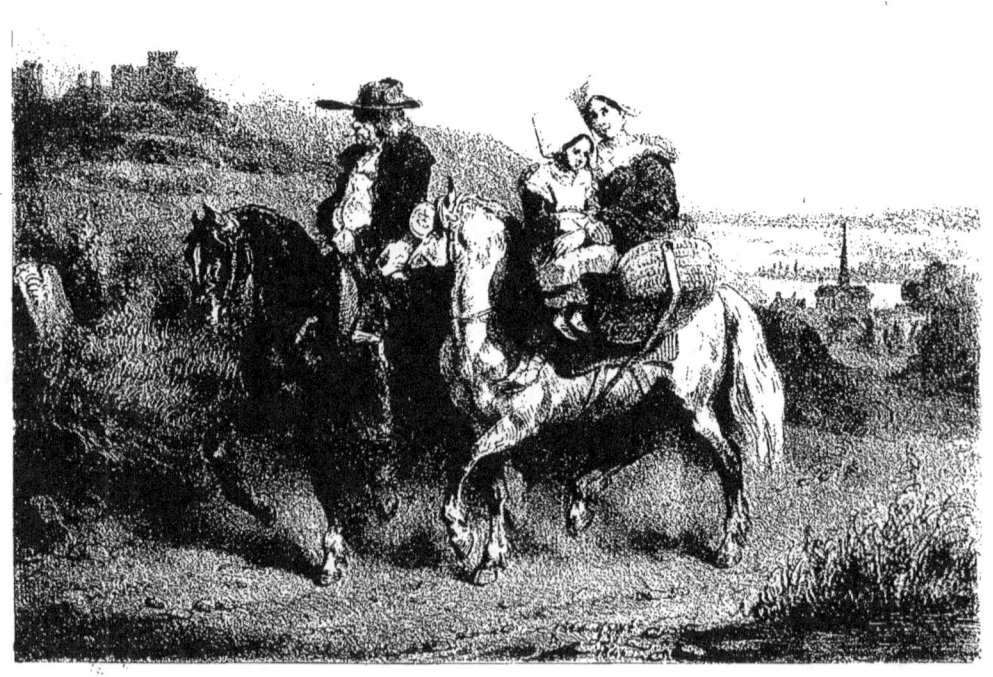

Le retour de la Ville

TABLEAU DE M. HIPPOLYTE BELLANGÉ,

Lithographié par lui-même

Je me rappelle avoir rencontré souvent sur la route de Rouen, un peu au-dessus de Rolboise, des paysans normands, à cheval, et cheminant au petit trot jusqu'à la ville voisine. Les jours de marché, c'était une affluence considérable de fermiers qui allaient ou revenaient de vendre leur beurre et leurs légumes. Combien de fois le père, la mère et l'enfant montaient le même coursier! Le père tenait les guides pour diriger la marche, la mère et l'enfant galopaient en croupe; ou bien, pour peu que la provision fût lourde et embarrassante, on arrachait à l'herbe tendre les deux chevaux de la ferme, et la petite caravane tenait la route, comme nous le dépeint M. Bellangé.

En Normandie, les paysans ne sont pas coquets. Leur plaisir est de fumer, de rire, de récolter et de *dépoteyer* quelques bons pots de cidre. La toilette compte pour bien peu dans la dépense du ménage; et j'ai connu, près de Lisieux, un fermier riche à plus de huit mille livres de rentes, qui mettait régulièrement cinquante francs de côté par an, pour son entretien, ni plus ni moins. Mais il n'en est pas de même des ménagères. La dentelle ruisselle sur leur costume, depuis la coiffe jusqu'au bas des jupes. Si leur taille n'est pas plus svelte, plus étroite, cela ne tient qu'au goût, à la mode du pays. Du reste, bagues, épingles, boucles d'or, ne leur font pas faute; joignez-y une extrême propreté dans l'ajustement, et vous connaîtrez les avantages extérieurs des femmes de Normandie. Au village, la fermière se contente bien du bonnet de coton, du jupon rayé, du fichu de Rouen; aussitôt qu'elle se rend à la ville, ce classique costume disparaît; la coiffe remplace le bonnet, et la mantille le fichu.

M. Bellangé, ce peintre spirituel, pour qui Napoléon semble avoir créé le *grognard*, n'a pu manquer en Normandie de petites scènes de genre. Elles y fourmillent, on en rencontre à chaque pas, et il trouve là de quoi se délasser de ces travaux plus sérieux qui sont dus à son habile pinceau. Depuis plusieurs années, M. Bellangé a eu de grands succès. Le musée de Versailles renferme un de ses tableaux qui est fort remarquable. On s'y arrête avec charme et intérêt, devant cette *Bataille de Wagram*, si pleine de mouvement et de combinaisons stratégiques. La *Lunette Saint-Laurent*, où se rencontre un épisode de la vie du brave général Haxo, appartient au roi.

Outre plusieurs petites toiles, M. Hippolyte Bellangé a exposé cette année la *Bataille de Houdschoote*, qui ne le cède pas à ses devancières, preuve irrécusable que M. Bellangé s'entend parfaitement à disposer des corps d'armée... dans un tableau. Plus d'un vieux soldat, plus d'un ci-devant grognard, aujourd'hui simple pékin, a senti son cœur palpiter lorsqu'il a eu jeté les regards sur ces glorieuses pages de notre histoire nationale, décrites avec tant d'intelligence et tant d'habileté.

M. Joseph-Louis-Hippolyte Bellangé est né à Paris en 1800. Il est élève de Gros. Il commença par faire de la lithographie, puis de l'aquarelle, enfin des tableaux. Il a publié plusieurs albums de charmantes compositions lithographiées, parmi lesquels l'*École du soldat*, et des sujets militaires.

Il a été nommé membre de la Légion d'honneur après l'exposition de 1835.

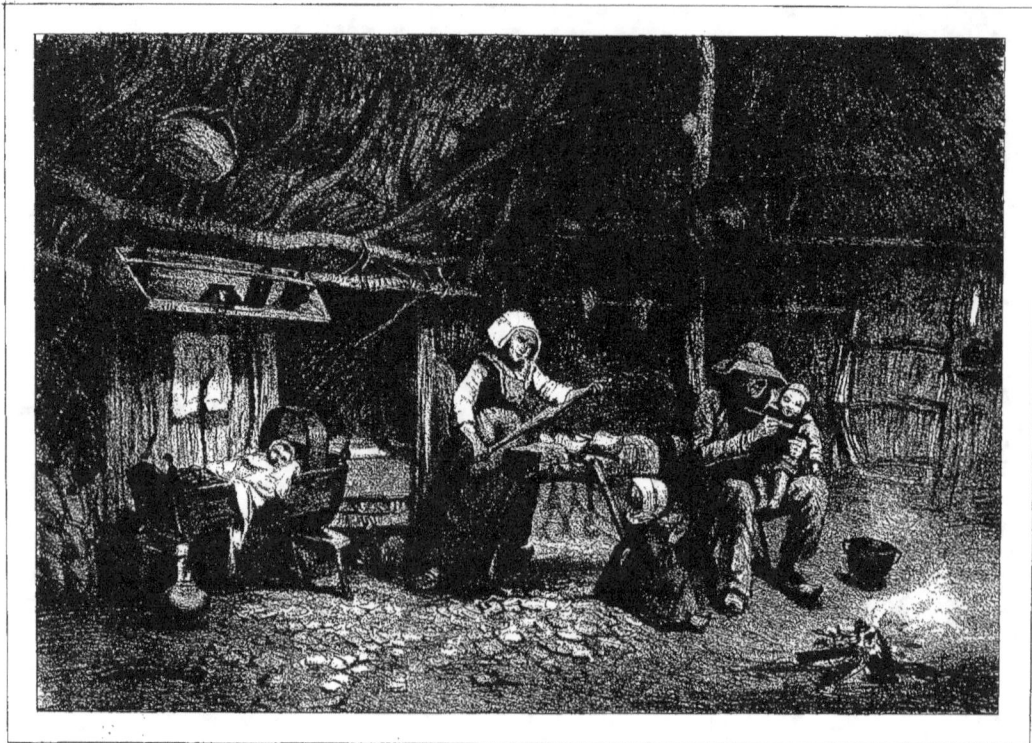

Saboterie
au Centre d'une Forêt en Basse-Bretagne

Une Saboterie

INTÉRIEUR PRIS AU CENTRE D'UNE FORÊT DE LA BASSE-BRETAGNE,

TABLEAU DE M. CHARLES FORTIN,

Lithographié par M. Challamel.

Vous partez, à grands frais, pour parcourir l'Europe ou l'Asie, vous traversez l'Océan pour voir le Nouveau-Monde; lorsque vous revenez de ces longs voyages, l'expérience est à vous, au prix des conséquences de vos fatigues. Cependant, voyageurs, vous ne vous expatriez pas toujours ainsi, avec intention de tracer votre itinéraire, de rechercher l'origine et l'importance des villes que vous parcourez, de donner à votre retour la relation de vos voyages.

Non; vous partez bien souvent, tout bénignement, en chaise de poste, heureux quand la voiture peut vous conduire jusqu'en Bohême. Vous allez faire une promenade, recréer vos yeux, et respirer l'air des montagnes du Tyrol et des champs dorés de l'Italie. Il s'agit, pour vous, de passer votre temps et de saisir une occasion de plus pour dépenser agréablement votre fortune; il s'agit pour vous de pouvoir dire, l'hiver suivant, au bal de l'ambassadeur ou au foyer de l'Opéra : « J'ai vu Genève, Saint-Pétersbourg, Milan, Naples, etc. » Eh bien! avez-vous visité votre pays, la France? n'a-t-elle pas des droits à votre curiosité? pourquoi ne pas lui donner la préférence? Comment, vous avez vu toutes ces lointaines contrées, et jamais vous n'avez parcouru le Dauphiné, les Basses-Pyrénées, les bocages de la Vendée, les montagnes du Jura, et surtout la sauvage Bretagne! Croyez-vous que toutes ces provinces manquent de pittoresque? — Nous allons vous faire pénétrer dans une saboterie bretonne; vous jugerez.

Au cœur d'une épaisse forêt de la Bretagne, on rencontre quelques chétives cabanes de bois et de branches mortes, recouvertes de terre. Ce ne sont point des repaires de bêtes fauves; des hommes naissent là, vivent et meurent là; à peine se doutent-ils de la série des jours. Lorsque les arbres de la forêt commencent à secouer leurs feuilles, ils savent que le froid va venir; et lorsque les branches verdissent, ils cessent d'aller à la provision de bois. De loin en loin, ils se mêlent aux habitants de la ville située à plusieurs lieues de là; ils y portent seulement des charges de sabots et y achètent quelques ustensiles de ménage. Dans cette cabane, où le père et la mère travaillent sans cesse, l'enfant nouveau-né couche dans une crèche, et mange du pain noir aussitôt après avoir sucé le lait maternel. Les murs sont brunis par la fumée de l'âtre; le parquet est naturel, en terre; et quelquefois la pluie traverse la paille du toit. Si vous allez visiter les hôtes de ces habitations, ils vous reçoivent cordialement; il n'y a pas chez eux de misère : l'habitude et la nécessité les ont rendus heureux là.

M. Fortin a beaucoup étudié la Bretagne, et nous venons de faire la description bien incomplète d'un intérieur de saboterie, qu'il a exposé cette année. Tous ses petits tableaux sont vrais; ce sont de délicieux portraits de la poétique Bretagne.

M. Charles Fortin, né à Paris en 1814, a étudié chez M. Camille Roqueplan

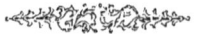

Justin Ouvrié.

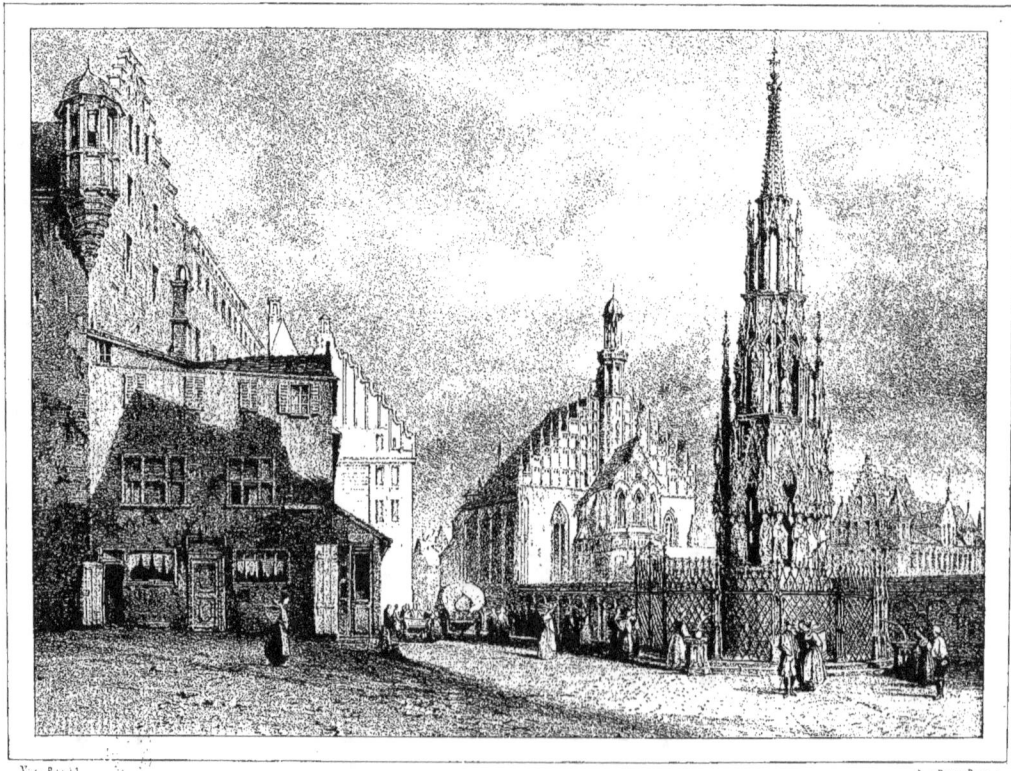

Place du marché à Nuremberg

Challamel et C.ᵉ, rue de l'Abbaye, F S G.

Robert-Fleury

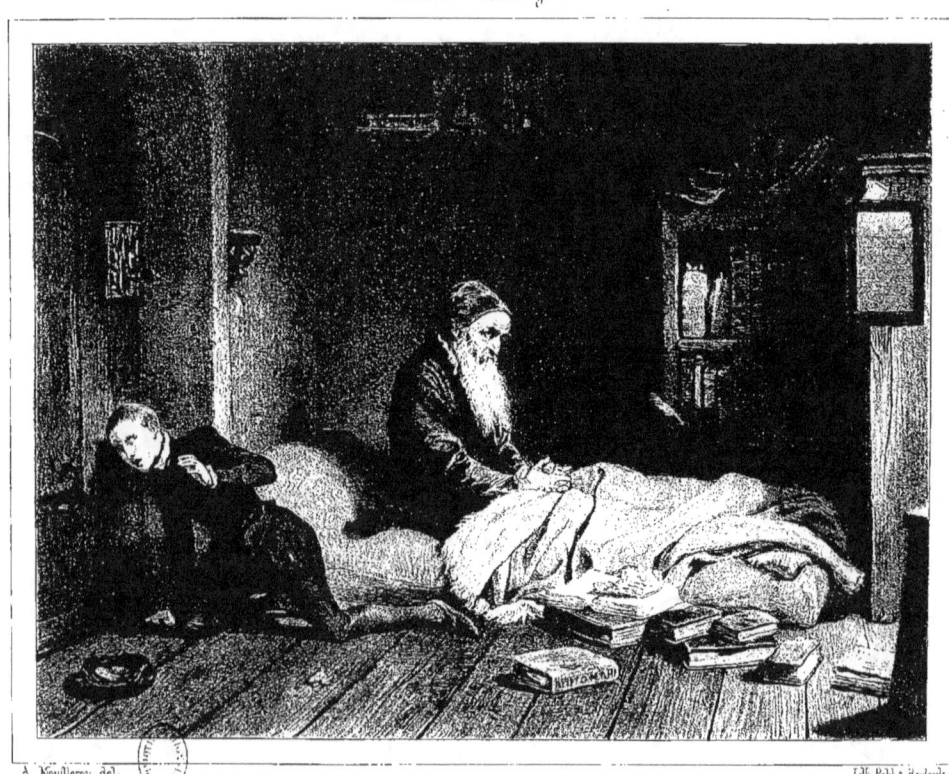

P. Ramus.

P. Ramus

TABLEAU PAR M. ROBERT FLEURY.

Lithographié par M. Mouilleron.

Au coin de la petite rue des Carmes, près de la place Maubert et du collége de Presle, habitait Ramus, fameux polygraphe français. Le premier il osa douter de l'infaillibilité d'Aristote, et couchait, par voie de conséquence, et grâce aux persécutions de ses nombreux ennemis, dans une petite chambre au cinquième étage. Un dur matelas étendu par terre, un escabeau de bois peint, une coupe de faïence, quelques livres usés et poudreux, formaient tout l'ameublement.

Le 24 août 1572, jour de la Saint-Barthélemi, Ramus était en méditation dans la cour du collége où il enseignait, lorsqu'un de ses élèves accourut vers lui, l'œil hagard, les vêtements en désordre.

Le philosophe ne vit et n'entendit rien : il était absorbé par ses rêveries.

— Les voilà! s'écria l'élève, en indiquant la place Maubert.... Et il entraîna Ramus dans sa chambre. Le philosophe se coucha pour donner sa leçon, selon son habitude.

Peu de temps après parut Charpentier, le soutien des vieilles idées, l'ennemi de Ramus, qui, peu d'années auparavant, l'avait convaincu d'ignorance. Il pénétra dans la retraite de son rival. Les deux philosophes se mesurèrent longtemps du regard; puis ce colloque rapide s'établit en latin. Nous le traduisons : « Salut! — Salut. — L'heure de la mort est venue. — La vie! — Je te la vends. — Combien? — Tout ce que tu possèdes. — Qu'il soit dit. »

Ramus chercha sa bourse dans son lit, et la donna à Charpentier, qui s'enfuit en montrant au peuple la retraite du novateur. Alors la foule poussa ces cris : « *Aristote ! Huguenot !* » Des écoliers lancèrent des pierres jusqu'au toit ; d'autres montèrent l'escalier.

Le peintre a choisi le moment d'attente et d'angoisse. Des pas et des voix se font entendre. L'élève, effrayé, jette ses livres, se traîne jusqu'à la porte, et prête l'oreille. Quant au maître, il se rappelle que la résignation est le courage du philosophe ; il reste sur son séant et joint les mains. C'est la situation la plus dramatique de tout l'épisode. La figure du vieillard est noble et calme comme son âme.

Cependant Ramus est frappé par la main d'un de ses élèves. Aussi relève-t-il sa longue barbe blanche, et se cache le visage pour ne pas voir. Un seul coup suffit pour le tuer. Les meurtriers ouvrent la fenêtre, et jettent le cadavre dans la cour. Et là, devant les lambeaux de ce corps vénérable, de cette belle figure que le Primatice avait prise pour modèle, la populace pousse des cris de joie et de triomphe, et traîne le corps jusqu'aux bords de la Seine, qui devient son tombeau.

Tel fut le héros du tableau de M. Robert Fleury. C'est une page d'histoire nationale pleine d'intérêt ; et nous aimons à voir reproduire par le pinceau toutes ces scènes qui nous préoccupent encore après plusieurs siècles. Dans cette composition, les poses sont naturelles, les physionomies expressives, l'ensemble complet, les détails étudiés avec soin.

M. Robert Fleury a exposé plusieurs autres tableaux qui accusent tous de notables progrès dans son talent déjà si haut placé, et qui sont d'une perfection de couleur que jusqu'alors il n'avait pas atteinte. Nous citerons le *Colloque de Poissy*, composition animée et importante, et *l'Avare pesant des pièces d'or*, création nouvelle sous le rapport de la manière dont le peintre a compris le personnage.

M. Robert Fleury est né à Cologne en 1797. Il a étudié chez Horace Vernet, Girodet et Gros. Il est resté cinq années en Italie, et exposa pour la première fois en 1824, à son retour en France. Il a été nommé chevalier de la Légion d'honneur en 1836.

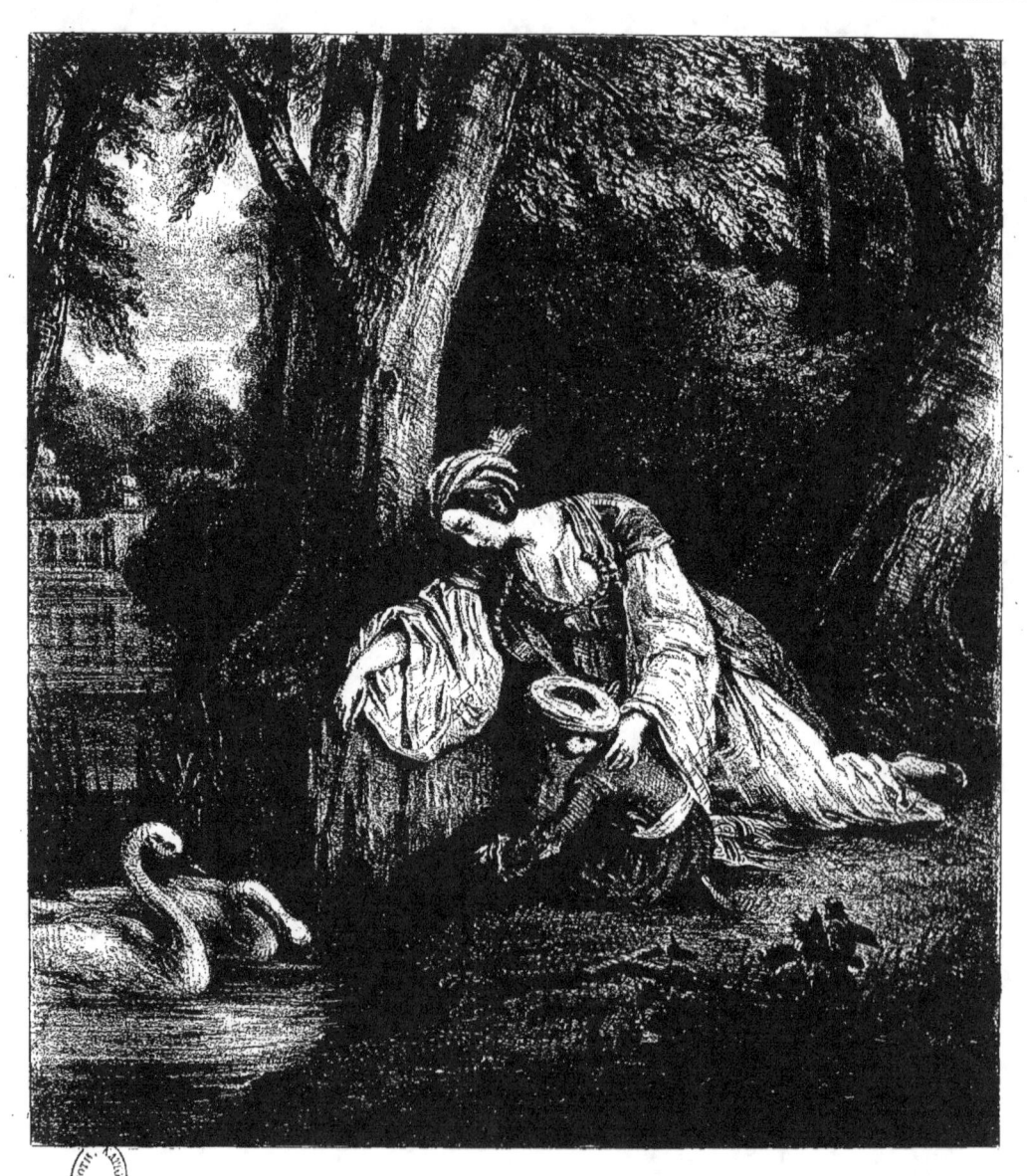

Les Cygnes.

Les Cygnes

TABLEAU DE M. ALEXANDRE COLIN,

Lithographié par lui-même.

Tout prosaïques que nous sommes, dans ce siècle d'illusions chiffrées, de préoccupations gravement frivoles, de sèche philosophie, nous rêvons parfois encore les jardins d'Armide. Nous aimons encore à nous transporter par l'imagination dans ces bosquets parfumés, ces grottes fraîches et obscures, ces parterres-mosaïques de fleurs, sous l'ombrage de l'exotique palmier.

C'est pour nous un reste des traditions paternelles, de nos souvenirs d'enfance, et de M. de Florian.

La féerie est comme le temps, elle poétise les objets réels, des grands hommes elle fait des héros ; elle touche à la fois notre esprit et nos sens, si bien que nous nous rappelons davantage Renaud que Duguesclin, parce que celui-ci est demeuré en chair et en os, tel qu'il était, avec ses rudes manières, son seul aspect guerrier, et que celui-là a été environné de charmes et de prestiges, tour à tour aimé, perdu, déshonoré, trahi, bienheureux.

Les peintres se sont laissé entraîner par les poëtes, et ils ont fabriqué souvent des natures féeriques, ne comprenant pas qu'il fallait absolument les créer. Dieu sait ce qui en est advenu. Combien avons-nous vu d'étangs limpides ressemblant à des mares, sur la surface desquels se promenaient des nacelles, ou plutôt de véritables coquilles de noix ? Nous nous croyions souvent dans ce charmant pays de Cocagne, dont le voyageur chansonnier nous a révélé les merveilles.

D'autres se sont livrés aux seules études de nature, et il s'est trouvé que là surtout apparaissait pour nous la poésie : par exemple, dans un plein midi de M. Jules Dupré, une forêt de M. Cabat, un effet du soir de M. Corot, ou bien encore, si vous voulez, un site de M. Marilhat.

Mais les convictions en matière d'art ne donnent pas le droit d'être exclusif; et, puisque nous savons nous passionner encore pour le *clinquant* du Tasse, selon l'expression dédaigneuse de Boileau, permis à nous de fixer notre attention sur les tableaux qui nous reportent aux visions orientales, aux scènes féeriques.

Nous avons sous les yeux *les Cygnes*, petit tableau de genre de M. Alexandre Colin. Une femme d'Orient, belle et riche personne, après avoir promené son jeune enfant dans un magnifique parc, le mène au bord d'un étang, et lui montre les cygnes qui animent ce miroir transparent qui réfléchit les arbres et les palais. L'enfant veut jouer avec eux; il les appelle, et sa mère, ayant arraché une tige de roseau, les attire vers son fils. Ce petit tableau, d'une couleur charmante, a de la fraîcheur et de l'agrément.

La Résurrection, qui fait partie des tableaux envoyés à l'exposition cette année par M. Colin, est une toile considérable. C'est son début dans la peinture sacrée, début heureux et qui peut l'engager à marcher franchement dans cette nouvelle voie.

M. Alexandre Colin est né à Paris en 1798. Il est élève de Girodet. Sa première exposition date de 1819. Il a été le directeur de l'École de dessin de Nîmes, depuis 1834 jusqu'au milieu de l'année 1839.

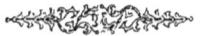

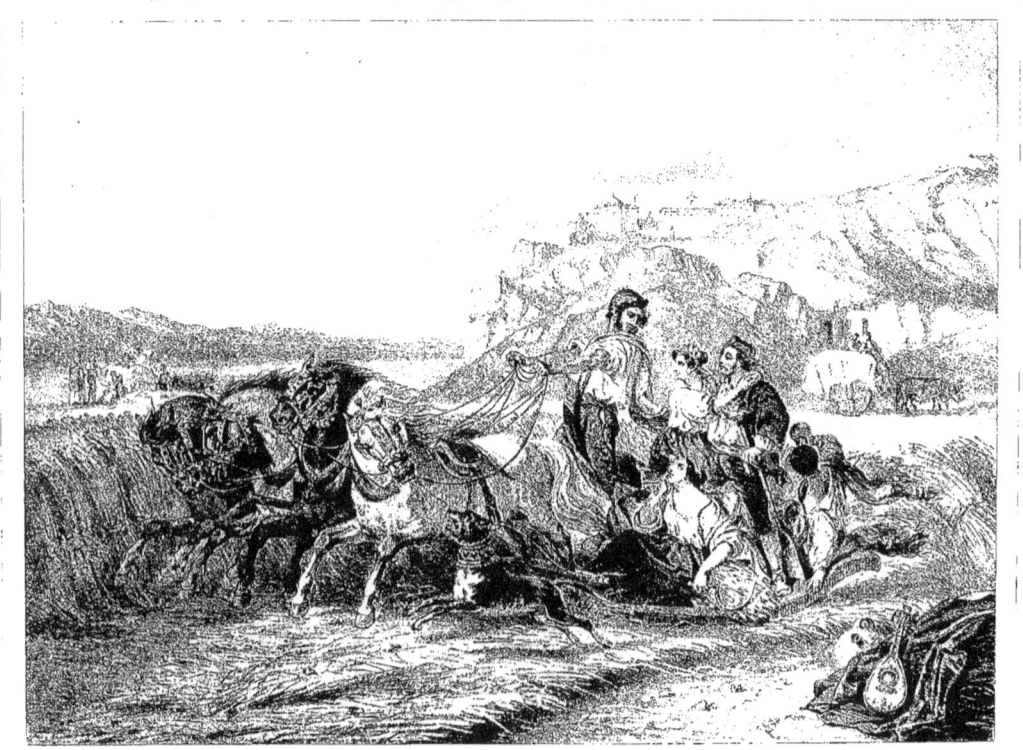

Los Trilladores — Les Batteurs de Bled (Castille)

Los Trilladores

(LES BATTEURS DE BLÉ.)

TABLEAU DE M. JULES JOLLIVET,

Lithographié par M. Bour.

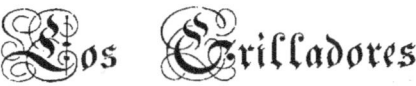

Belle Espagne! à toi le pittoresque, l'originalité; à toi ces coutumes singulières, invétérées, que ta civilisation n'a pu abolir! L'indiscret voyageur n'a pas encore trop souvent profané les rives de tes superbes fleuves; tes mœurs presque inconnues, il ne les a pas dévoilées encore au reste de l'Europe. Tes palais, tes promenades, tes couvents n'ont point disparu, malgré la guerre civile; tu es toujours le pays des aventures, des *folles journées* et des saltarelles. Au sublime aspect de l'Italie tu opposes, toi, l'étrangeté des détails. La vive Espagnole, à la taille svelte, au pied mignon, ne le cède pas en beauté à la fière Italienne. Est-ce que ton ciel n'est pas pur, ton soleil chaud, ton langage harmonieux? Belle Espagne! la paix ramènera en ton sein le règne des arts. Mais, quand le peintre et le poëte auront parcouru tes campagnes, ton charme cessera, et tu auras perdu au frottement des étrangers, le type particulier de tes idées, de tes mœurs et de tes costumes!...

Après la moisson, lorsque le blé coupé a séché dans les granges, et qu'un soleil ardent en a ensuite doré les épis, les paysans espagnols l'étendent soigneusement par terre, comme on fait des couches de fumier. Aussitôt les *trilladores* commencent leur opération; ils attèlent les chevaux à un lourd traîneau armé de cailloux tranchants et chargé de travailleurs; puis ils les fouettent et les font courir rapidement sur le tas de gerbes amoncelées. La pression, motivée par le poids du traîneau, et l'action des cailloux, sépare le grain d'avec l'épi et coupe la paille. Après, les batteurs se mettent à enlever cette paille hachée, à ramasser les grains de blé qui se sont fait jour au travers. Cette prompte et habile manière de battre le grain existe en Espagne depuis un temps immémorial.

En nous retraçant la scène des *Trilladores*, M. Jollivet a ajouté une page de plus à sa petite histoire pittoresque, on peut le dire, de l'Espagne, qu'il a visitée et habitée pendant plusieurs années. En effet, il nous a dépeint, depuis son retour, des aventures d'alcades, de guérillas, de couvents, etc.; et nous nous rappelons aussi des sujets espagnols plus importants, tels que *Christophe Colomb découvrant l'Amérique*, et la *Mort de Philippe II dans l'Escurial*.

Parmi les autres tableaux exposés par M. Jollivet, on remarque le *Couronnement d'épines*, composition d'un style sévère, et qui peut former pendant pour la *Descente de Croix* du même peintre, qui a fait partie du Salon de 1839. Le *Couronnement d'épines* n'a peut-être pas assez d'originalité, mais le travail est avant tout consciencieux et étudié. Quant aux *Trilladores*, c'est un tableau de genre gracieux dans l'ensemble et les détails, qui n'a pas de prétention à l'effet, et qui par cela même (il en est souvent ainsi) plaît aux amateurs de sujets anecdotiques. Il est d'une couleur fort agréable, d'une disposition heureuse; pourtant, disons-le, le paysage et les fonds semblent manquer d'air.

M. Jules Jollivet est né à Paris en 1813. Il a d'abord étudié l'architecture chez MM. Huvé et Famin, puis la peinture chez M. Dejuinne et le baron Gros. Il a voyagé en Espagne, de 1825 à 1828, et en a rapporté beaucoup de tableaux et d'esquisses.

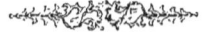

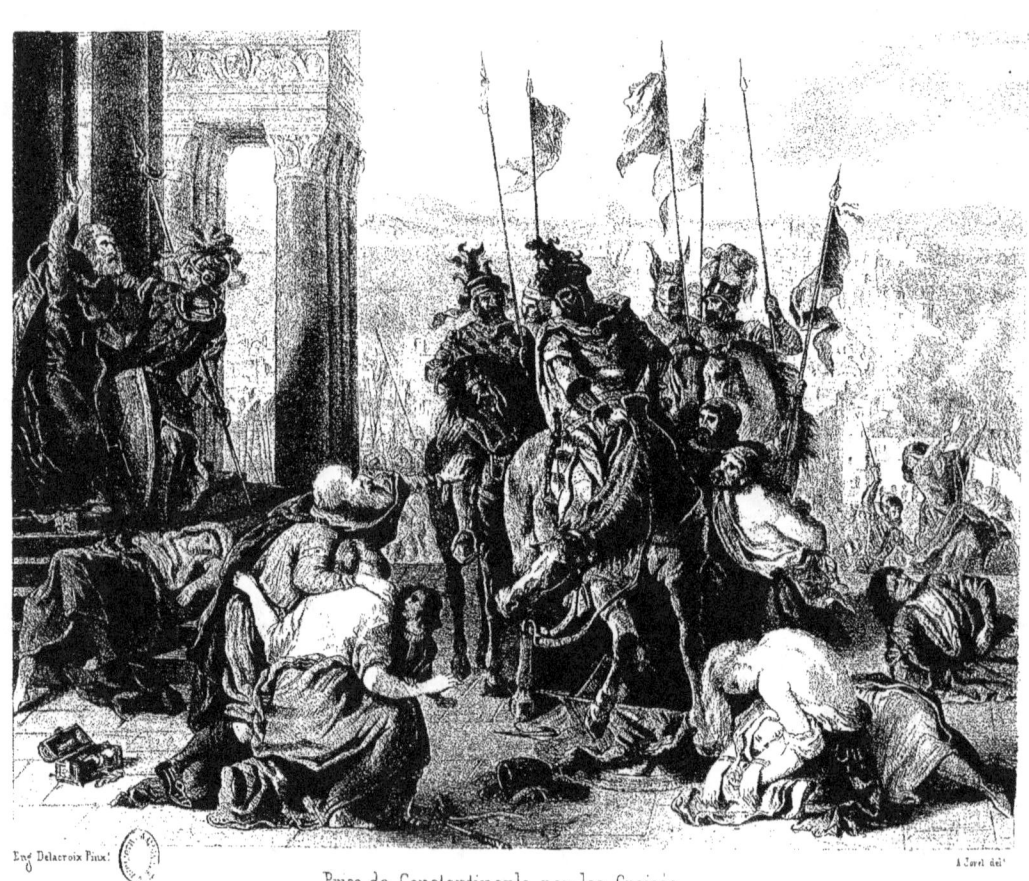

Prise de Constantinople par les Croisés.

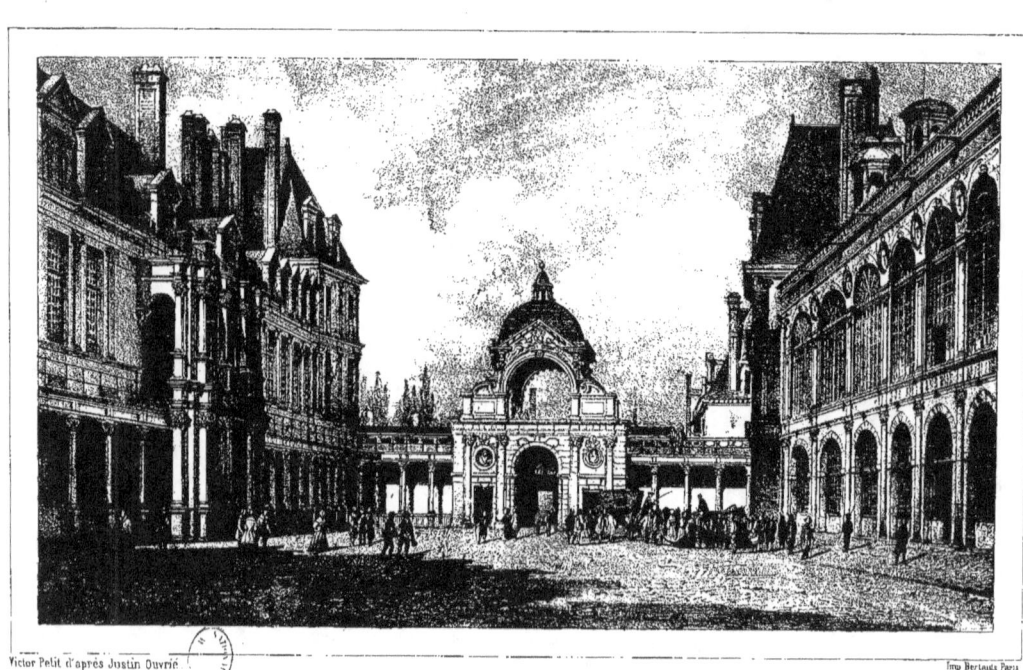

Cour Ovale du Château de Fontainebleau.

Arrivée de Christine Reine de Suède.

Cour ovale
DU CHATEAU DE FONTAINEBLEAU,

(ARRIVÉE DE CHRISTINE, REINE DE SUÈDE.)

TABLEAU PEINT PAR M. JUSTIN OUVRIÉ,

Lithographié par M. Victor Petit.

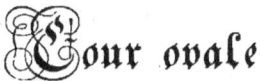

Christine-Alessandra, la fille de Gustave-Adolphe, mena une existence de reine et de savante. Pendant vingt et un ans elle gouverna la Suède avec sagesse, avec esprit; puis elle se dégoûta du trône. Au grand étonnement de toute l'Europe, elle abdiqua les splendeurs royales au profit de son cousin, et visita la Flandre et l'Italie. C'est après ces deux voyages qu'elle vint se fixer en France, à Fontainebleau. Là, elle fut reine encore, par les grâces et les talents. Sa cour nombreuse se composait des poëtes, des savants de l'époque, et Louis XIV lui-même, rendit de grands honneurs à Christine. L'arrivée de la reine de Suède à Fontainebleau fit du bruit en France : on lui trouvait des manières étranges, des idées excentiques, pour une personne de sa qualité.

Mais ce que l'on condamna à bon droit dans sa conduite, ce fut le meurtre de Monaldeschi. Le châtiment du coupable, ainsi puni par des voies illégales, ressemblait trop à une vengeance. Reine, elle eût commis là un excès de pouvoir. Devenue, par son séjour en France, hôtesse et presque sujette de Louis XIV, son fait portait atteinte à la justice royale.......

M. Justin Ouvrié, voulant peindre la *Cour ovale* de ce palais, qu'habitèrent tant de princes célèbres, a su donner à son tableau un autre intérêt encore que celui qui ressort exclusivement de l'art. Il s'est figuré voir Fontainebleau pendant le dix-huitième siècle, et de plus, il a choisi pour sujet l'arrivée de Christine. C'est en effet, avec l'abdication de Napoléon, l'événement historique qui préoccupe le plus ceux qui visitent aujourd'hui ce magnifique palais. Les gardiens ne connaissent que ces trois demandes : La cour des *Adieux?* — la chambre de Christine ? — le tombeau de Monaldeschi? tombeau qui est à Avon, village près de Fontainebleau.

Cette cour ovale est un assemblage d'architectures diverses. François Ier, Henri IV et Napoléon, se sont surtout complu à l'embellir à leur manière. On y voit du style *renaissance*, du style *Louis XIII*, et de *l'arrangement* impérial. — Un monument est resté debout, qui avait vu les fêtes, qui s'était ressenti les caprices de plusieurs têtes couronnées qui ne sont plus!

Le tableau de M. Justin Ouvrié est d'abord d'une exactitude scrupuleuse, jusque dans les moindre détails; et l'exactitude du dessin est à l'architecture ce que la ressemblance est au portrait, elle est aussi indispensable que parfois difficile à obtenir. La couleur différente des bâtiments de diverses époques de la *Cour ovale*, est finement et habilement indiquée. Et ici, nous ne pouvons nous empêcher d'adresser le même éloge au lithographe, M. Victor Petit. Revenant au peintre, nous ajouterons que son tableau est plein de lumière et d'harmonie, et que les figures, bien disposées, concourrent à l'effet heureux de ce charmant tableau.

M. Justin Ouvrié a exposé aussi de jolies aquarelles.

M. Justin Ouvrié est né à Paris en 1806. Il est élève de M. le baron Taylor, de M. Abel de Pujol, et de M. Chatillon, architecte. Aux expositions du Louvre qui se sont succédé depuis 1829, il a envoyé un grand nombre d'aquarelles et de tableaux inspirés par l'Angleterre, l'Allemagne et l'Italie, qu'il a visitées. Il a obtenu une médaille d'or en 1831.

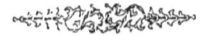

E. Delacroix.

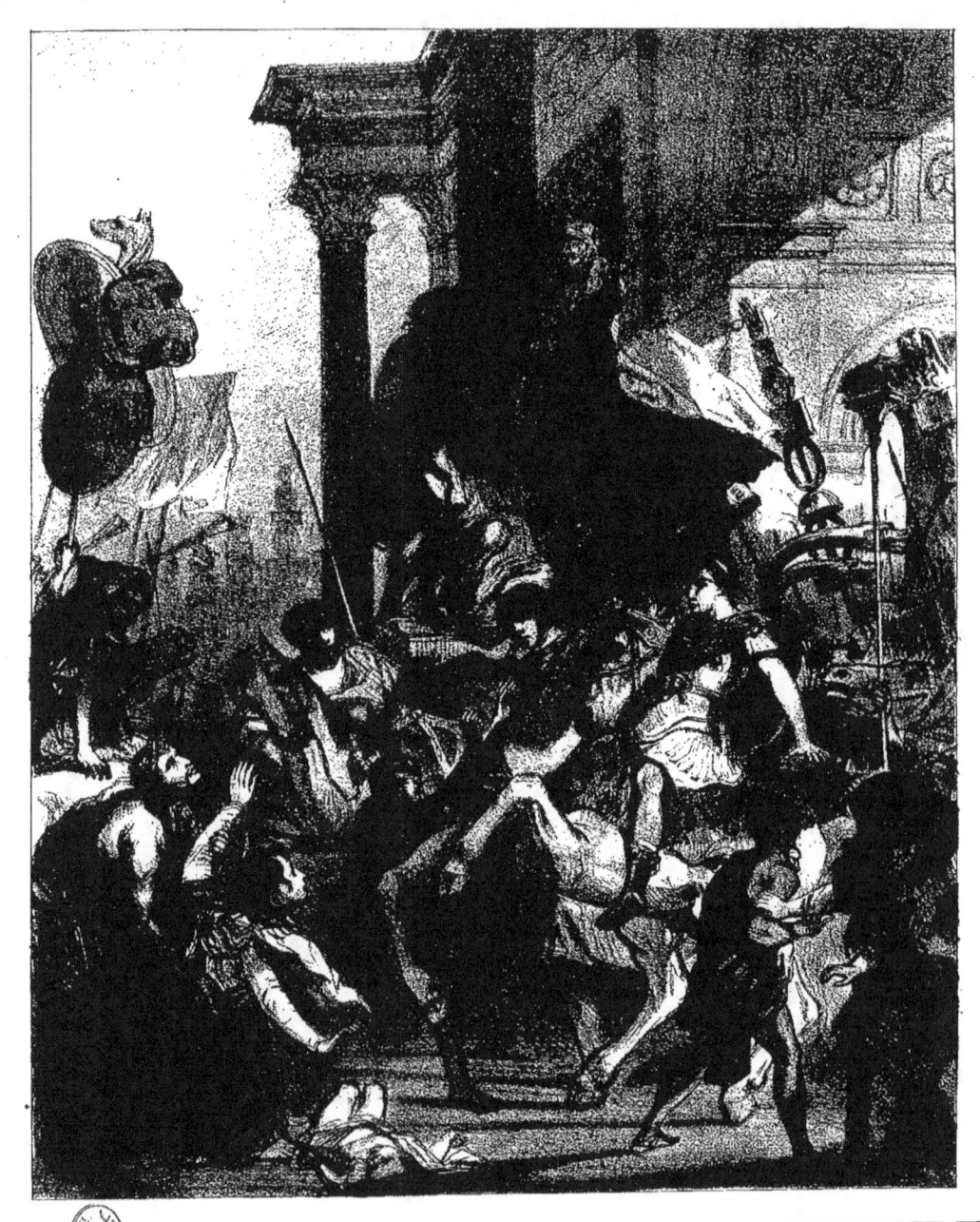

Justice de Trajan.

Justice de Trajan

TABLEAU PEINT PAR M. EUGÈNE DELACROIX,

Lithographié par M. Challamel.

Le texte qui inspire un tableau est comme le fait que raconte l'historien ; il faut donc bien s'en pénétrer avant d'apprécier une œuvre quelconque. Sinon, il se peut qu'on tombe dans de graves erreurs, et qu'on se place à un faux point de vue.

Presque tous les critiques qui se sont occupés de M. Eugène Delacroix ont manqué de tact sous ce rapport. Et parce que M. Eugène Delacroix s'imprégnait complétement de son sujet, ils ne l'ont pas toujours compris.

Cela a eu lieu pour la *Justice de Trajan*.

Nous rapportons le passage du Dante, qui est l'explication la plus positive du tableau de M. Eugène Delacroix. Il est extrait d'une magnifique traduction de M. Antoni Deschamps.

. . . .
Une veuve était là, de douleur insensée,
S'efforçant d'arrêter sa marche commencée :
Autour de l'empereur s'agitaient les drapeaux,
Et la terre tremblait sous les pieds des chevaux.
Au milieu de ce bruit la veuve semblait dire :
« César, viens au secours de mon cruel martyre ;
» Venge, venge mon fils qu'ils ont assassiné. »
Et lui, semblait répondre et comme importuné :
« Attends que je revienne ! » Et du fond de son âme :
« Si tu ne reviens pas ! » s'écriait cette femme.
Trajan disait alors : « Celui qui régnera
» Après moi dans l'empire, un jour te vengera. »

Et la veuve : « Pourquoi la justice d'un autre,
» Maître, lorsqu'à genoux je demande la vôtre... ? »
Et l'empereur enfin disait : « Console-toi,
» Il faut que j'obéisse à cette sainte loi ;
» Je ferai mon devoir avant que je ne sorte,
» La justice le veut et la pitié l'emporte. »

Ayant sous les yeux ces vers, qu'on pourrait appeler des pièces de conviction, nous jugerons mieux le mérite réel de la *Justice de Trajan*.

Ce cortége, qui est en marche, se trouve arrêté par les cris de cette femme *de douleur insensée*, et qui demande justice. Il y a tant de tumulte, selon le poëte italien, tant de drapeaux, tant de trophées, tant de soldats, que la *terre tremble*, et que cette procession triomphale a l'air d'une bataille. Le peuple est foulé aux pieds des chevaux ; l'escorte de Trajan est devenue confuse ; son cheval effrayé se cabre devant cette mère, qui crie à César de venger son fils assassiné.

Le mouvement était la première chose que l'on dût rencontrer dans cette immense toile. C'est aussi le mouvement qui est, avec la couleur, le plus beau côté du talent de M. Eugène Delacroix.

Tous les personnages du tableau agissent. Cette foule trépigne ; l'ordre du cortége vient d'être dérangé.

De graves imperfections se mêlent à des beautés du premier ordre dans les tableaux de M. Eugène Delacroix ; mais M. Eugène Delacroix est un peintre de génie ; personne ne possède à un plus haut degré que lui la vérité d'exécution, le sentiment de la forme, et l'éclat du coloris.

M. Eugène Delacroix est né à Charenton-Saint-Maurice, près Paris, le 26 avril 1798. Il n'étudia la peinture que fort tard, après avoir fait entièrement et d'une manière brillante ses études classiques. Il est élève de M. Guérin. Il commença à exposer en 1822. Il a été nommé membre de la Légion d'honneur, et s'est présenté comme candidat au fauteuil de l'Institut.

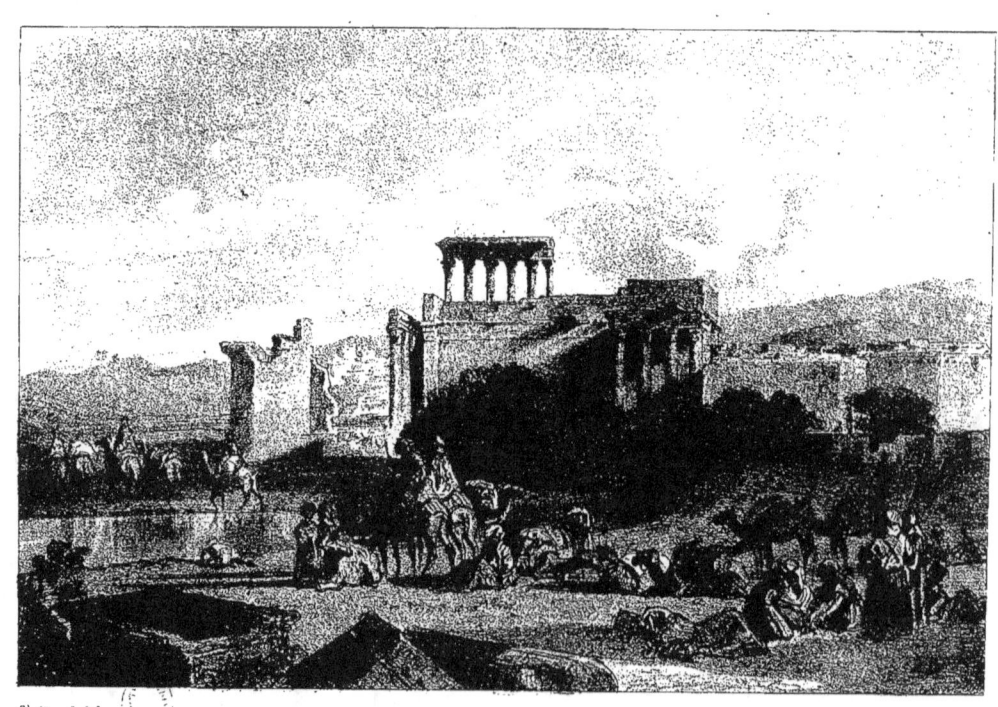

Caravane arrêtée dans les ruines de Balbeck. (Syrie.)

Une Caravane

DANS LES RUINES DE BALBEK (SYRIE.)

PAYSAGE DE M. PROSPER MARILHAT,

Lithographié par M. Challamel.

Dans les expositions, les paysages ont presque le même sort que les batailles. En général on n'aime ni l'horizon, ni la fumée, ni les corps d'armée, ni les forêts. On passe, à moins que le peintre qui a abordé un de ces deux genres n'ait un grand nom, ou bien un talent hors ligne, et alors, quoique débutant, il captivera l'attention des visiteurs. « Oh! se dit-on dans le monde, avec apparence de raison, toutes les batailles se ressemblent, aussi bien que tous les paysages! » Oui, certes, à la surface; mais examinez un peu, et là, comme ailleurs, vous rencontrerez cette variété qui vous plaît tant. J'ai remarqué que, souvent, ceux qui dédaignent ainsi le paysage, sont surtout les voyageurs; les anciens soldats, au contraire, aiment les batailles à cause des souvenirs. Cela tient sans doute à ce que ceux-là qui ont contemplé la nature à loisir ne peuvent pas se contenter d'une reproduction resserrée en des bornes étroites. Les autres ont vu de terribles spectacles, et il leur plaît d'assister encore à ces sortes de drames, sans en risquer les dangers.

Or, M. Marilhat possède tout à la fois et talent et réputation; aussi a-t-il l'immense avantage d'être recherché, d'avoir un public. En peinture comme en littérature, c'est là un grand point. Immense avantage que celui de pouvoir dire en exposant un tableau : « Il sera regardé; » en publiant un livre : « Il sera lu. » M. Marilhat est donc, comme je le disais, un paysagiste qui a fait ses preuves. Son envoi à l'exposition est des plus remarquables, et parmi plusieurs magnifiques tableaux que nous n'avons pu nous lasser d'admirer, nous avons surtout distingué *la Caravane*.

Ce paysage est une vue des ruines de Balbek en Syrie, une de celles qui ont inspiré à Volney cette inimitable description qui commence son ouvrage. Balbek, située dans la grande vallée du Liban, entre l'opulente Damas et la malsaine Tripoli de Syrie, fut jadis fort célèbre. C'était une ville de jardins et de monuments, parmi lesquels le temple du Soleil, dont on peut encore se faire une idée. « Une multitude vivante animait son enceinte; une foule active circulait dans ces routes aujourd'hui solitaires. » Mais le temps et les commotions terrestres ont triomphé de ces merveilles. Les Turcs ont surtout fait sentir leur passage dans Balbek, et maintenant ce ne sont plus que des ruines. On y compte à peine douze cents habitants pauvres et découragés; seulement, il y passe parfois de nombreuses caravanes, voyageurs qui vont porter les raisins de Damas au pays de Motoualis, ou qui veulent visiter ces magnifiques ruines.

Nous comprenons bien la chaude atmosphère de la Syrie, les horizons infinis dans ces pays de vallées et de déserts, ces terrains pierreux, mais fertilisés par les rosées abondantes de chaque jour, cette nature embaumée qui fait de cette partie de l'Asie un séjour de délices, et qui valut à une contrée voisine le doux nom d'Arabie-Heureuse. M. Marilhat a eu le bonheur de parcourir ces lieux, qu'appellent si souvent nos vœux et notre imagination. Grâce à lui, nous connaissons la Syrie et l'Égypte, Balbek, Rosette, Thèbes et le Caire.

M. Prosper Marilhat est né en 1814. Il a étudié un hiver seulement chez M. Camille Roqueplan, et a voyagé ensuite en Grèce, en Égypte et en Italie.

Gué.

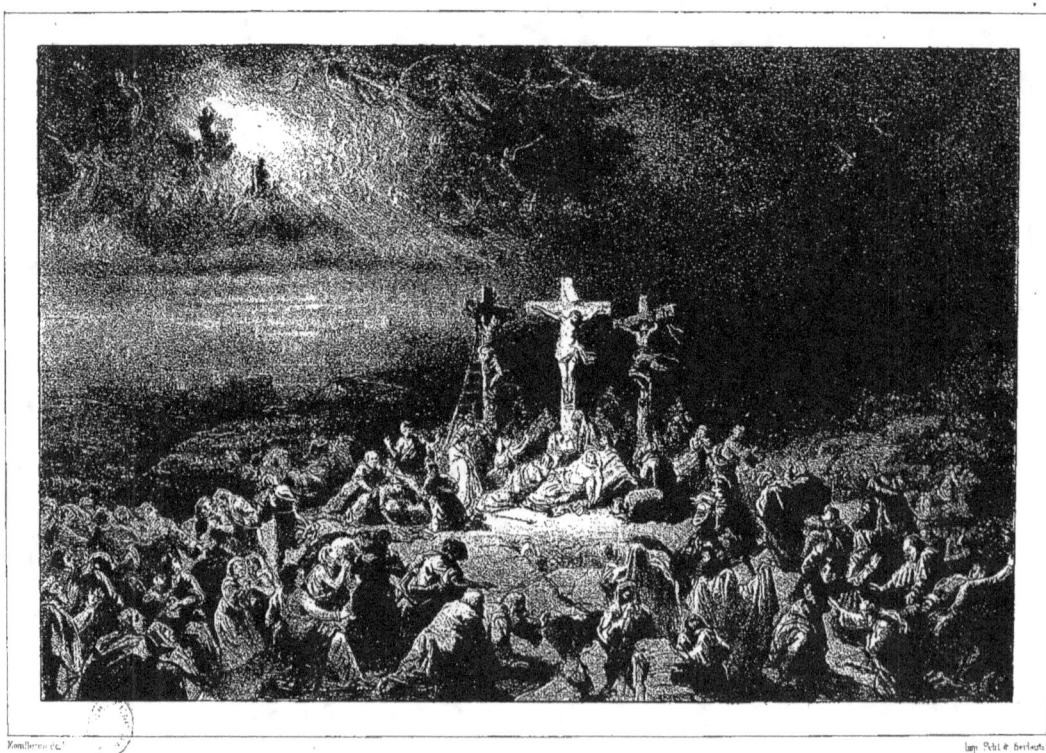

Dernier Soupir du Christ.
Mais Jésus jetant un grand cri rendit l'esprit
Évangile selon St Mathieu, chap. 27

LE
Dernier Soupir du Christ

TABLEAU PAR M. GUÉ,

Lithographié par M. Mouilleron.

―――― ――――

« Or, depuis la sixième heure du jour jusqu'à la neuvième, toute la terre fut couverte de ténèbres... mais Jésus jetant un grand cri, rendit l'esprit. En même temps le voile du temple se déchira depuis le haut jusqu'en bas : la terre trembla ; les pierres se fendirent ; les sépulcres s'ouvrirent, et plusieurs corps des saints, qui étaient dans le sommeil de la mort, ressuscitèrent... »

(ÉVANG. selon saint Matthieu, chap. 27.)

. . . .

Cette grande scène de désolation, prélude effrayant de la rédemption humaine, semble ne pouvoir être retracée par le pinceau. Il y a là quelque merveilleux effet qui échappe à la puissance de la peinture, et qui fait appel à la poésie. Nous ne voulons pas seulement de la forme, mais encore de la pensée. Il ne faut pas que nous soyons tentés d'analyser, mais saisis malgré nous par de profondes impressions. Chaque groupe de ce drame doit avoir, pour ainsi dire, son allégorie. Larmes, sourires, terreur, espoir, que tout se manifeste et parle à la fois, et pourtant avec ensemble, comme les voix de la Symphonie ! que la palette se transforme en harpe ! que le peintre devienne poëte !

M. Gué a compris l'exigence de son sujet absorbant ; et sans nul doute il a travaillé sous l'influence de cette idée. Déjà son tableau de l'année dernière, *les Murmurateurs engloutis*, sorte d'essai du genre adopté par lui, faisait espérer *le Dernier soupir du Christ*. Mais quels remarquables progrès ! quel effet ! quel poétique mouvement ! — Le Christ a rendu l'esprit, a dit l'évangéliste dans son admirable simplicité. Marie, Madeleine et les Apôtres pleurent au pied de la croix. Les cieux se sont entr'ouverts; les anges, les élus ont commencé leurs divins concerts. L'âme du Fils s'est envolée vers le Père, parmi les rayons d'un nuage lumineux. Les satellites d'Hérode sont frappés de stupeur à la vue des morts qui ressuscitent. Un groupe de fidèles disciples se met en prières. L'innombrable multitude des assistants, — femmes, enfants, vieillards, ceux qui sortent du berceau, ceux qui penchent vers la tombe, — admirent ou redoutent ce sublime spectacle.

Dans ce tableau, l'effet général est bien rendu. Il s'y trouve d'ingénieux contrastes. Un torrent de lumière traverse un ciel des plus obscurs; le soleil couchant disparaît derrière de grosses nuées qui l'enveloppent de leurs ombres. A droite, à l'horizon, on croit voir s'élever les vapeurs de l'orage; on croit entendre les roulements d'un tonnerre lointain.

Nous avons dit que M. Gué avait compris son sujet, et qu'il avait cherché à être poëte. Mais ajoutons que l'auteur du *Dernier soupir du Christ* n'a pas tout à fait atteint son but. Il importait de réunir, dans cette composition, la poésie des détails à l'harmonie de l'ensemble, de manière à ce que l'une ne pût contrarier l'autre : c'était là un écueil immense derrière lequel apparaissait la perfection; M. Gué ne l'a pas complétement évité.

M. Gué est né à Saint-Domingue en 1789; il a été élève de Lacour père, de Bordeaux, et de David. Il a acquis une réputation méritée comme décorateur, notamment à l'Odéon et à l'Opéra-Comique, et s'est placé en outre au rang des plus remarquables peintres de genre et de paysage. L'Auvergne et le Tyrol, qu'il a longtemps visités, l'ont eu pour fidèle interprète; et nous nous sommes souvent promenés, grâce à lui, dans ces belles vallées alpestres dont le spectacle est si ravissant; nous avons souvent gravi les montagnes d'Auvergne, couronnées de châtaigniers, les sites les plus pittoresques que l'on admire en France.

M. Gué a été nommé chevalier de la Légion d'honneur en 1833.

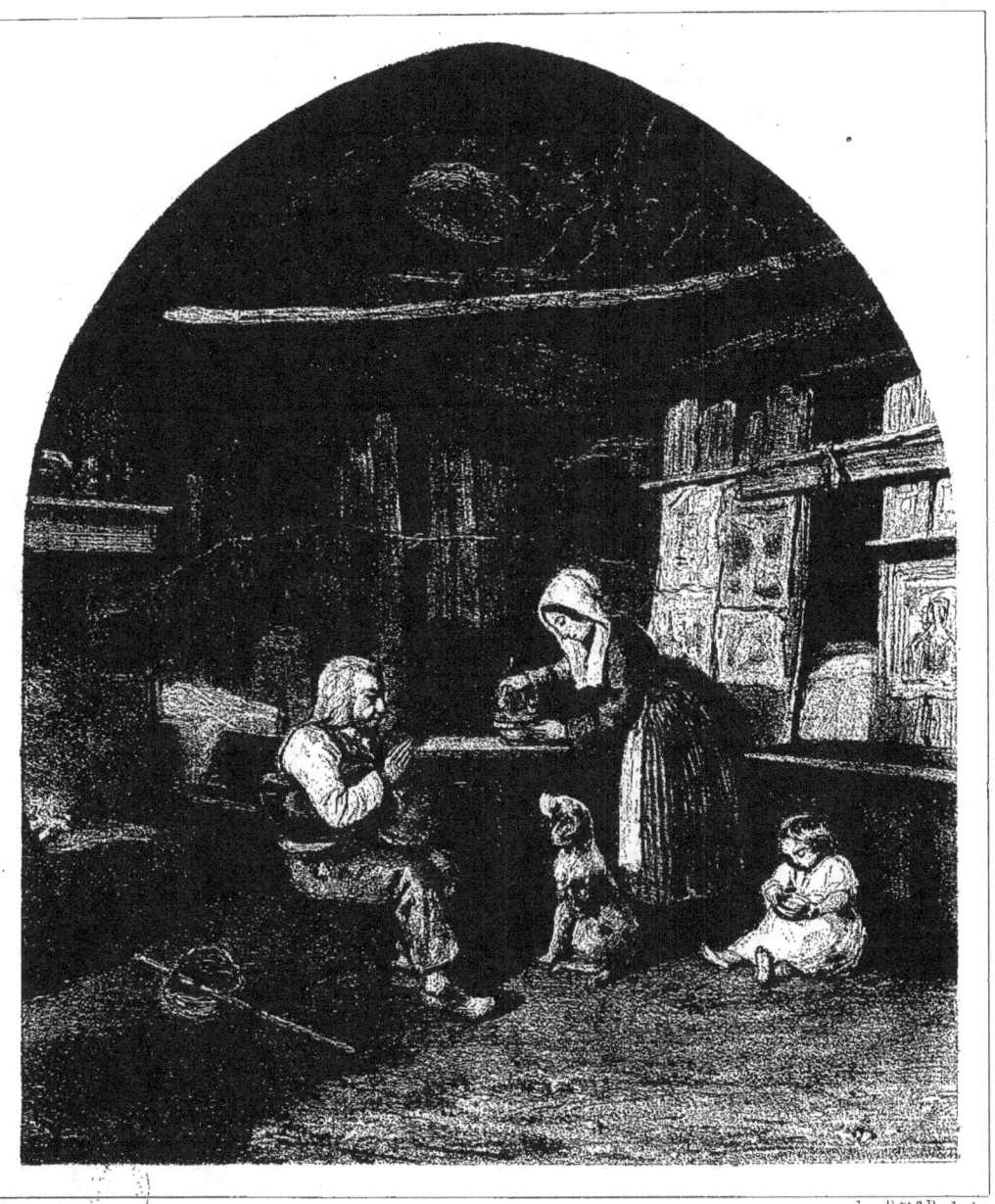

Le Goûter.

Au repas la faim attend respectueusement, et laisse d'abord passer la prière.

(Emile Souvestre.)

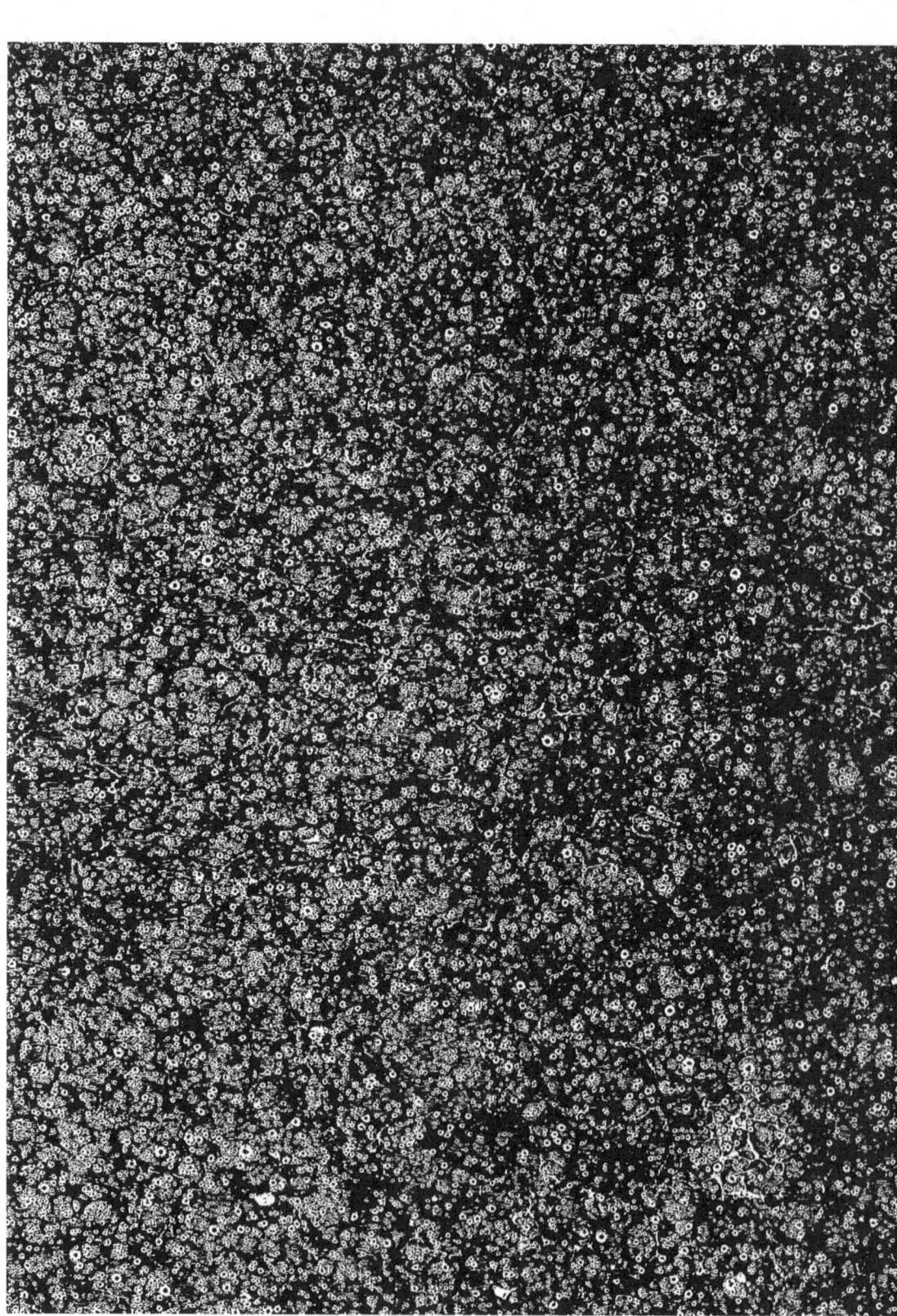

www.ingramcontent.com/pod-product-compliance
Lightning Source LLC
Chambersburg PA
CBHW030048230526
45471CB00003B/993